Min Liebe!

Am 16.12.2013

Frohe Weihnachten und ein frohes
neues Jahr! Danke für die
Massage! Guten Massagen!

Herbert van ...

Herbert van Anken, Bunde/Ostfriesland
und
Kirsten „Soraya" Kurschat, München

Labyrinth der Gefühle

Gedichte-Sammlung

NOEL-Verlag

Originalausgabe
Juni 2012

NOEL-Verlag
Hans-Stephan Link
Achstraße 28
D-82386 Oberhausen/Oberbayern

www.noel-verlag.net
info@noel-verlag.de

1. Auflage
Printed in Germany
ISBN 978-3-942802-71-0

Die Deutsche Bibliothek verzeichnet diese Publikation in der Deutschen Nationalbibliografie, Frankfurt; ebenso in der Bayerischen Staatsbibliothek in München.
Das Werk, einschließlich aller Abbildungen, ist urheberrechtlich geschützt. Jede Verwertung außerhalb der Grenzen des Urheberrechtschutzgesetzes ist ohne Zustimmung des Verlages und der Autoren unzulässig und strafbar.
Das gilt besonders für Vervielfältigungen, Übersetzungen, Mikroverfilmungen und die Einspeicherung und Bearbeitung in elektronischen Systemen.
Die Autoren übernehmen die Verantwortung für den Inhalt ihrer Werke.

Coverbild:	Kirsten (Soraya) Kurschat
Seitenhintergrund:	Kirsten (Soraya) Kurschat
Portraits:	Herbert und Soraya
Gesamtlayout:	Herbert van Anken und Kirsten (Soraya) Kurschat
Covergestaltung:	Gabriele Benz und Kirsten (Soraya) Kurschat

© by-herbertsorayasorayaherbert-2012

Exposé

Wir begrüßen alle Augenpaare und Gehirne, die nicht gleich beim ersten Blick an ihrer Wahrnehmung zweifeln, denn alles im Leben hat mehrere Sichtweisen, damit man die wählen kann, mit der man am besten zurecht kommt ...

... sollten Sie bereits auf den ersten Seiten vermuten, dass mit diesem Werk etwas nicht in Ordnung ist, so können wir Sie beruhigen. Es spiegelt lediglich unsere **eigenwilligen** Charaktere wider und unterwirft sich **nicht** der **Norm**.

Wer nach einem Inhaltsverzeichnis sucht, um sich einen Überblick zu verschaffen, wird nicht fündig werden, denn wir haben **wohlüberlegt** darauf verzichtet.

Auch Seitenzahlen gibt es in unserem **"etwas anderen"** Buch **nicht**, weil es einfach **kein "normales"** Buch ist! Es soll die Neugier im Leser wecken, und bei jedem Lesen erneut überraschen!

Auf den folgenden Seiten sammeln sich die Gedanken, Gefühle und Ideen zweier Menschen, deren Autorenseelen sich auf der Wanderung durch das Labyrinth des Lebens gefunden haben, um sich in einer Komposition von Gedichten zu vereinen.

Liebe, Schmerz, Freude und vieles, was das Leben noch so bietet, findet sich hier auf die eine oder andere Weise, in Gedichtform wieder.

*Lassen Sie sich bei jedem Lesen erneut überraschen und wundern Sie sich nicht über unsere Abnormen, denn wir sind halt etwas **anders** als alle Anderen.*

Kein Gedicht

Soraya

Ich sitze hier und schreib` Dir ein Gedicht,
es **will** nicht gelingen, warum, weiß ich nicht.
Finde keine rechten Gedanken und Worte,
bekomm` keinen Einlass an der **Gedichte** - Pforte.

Kann mich nicht zwingen etwas zu **schreiben,**
muss unter dem Denken nur sinnlos leiden.
Verschenke **die** Zeit für ein erzwungenes Gedicht,
und weiß schon im Voraus, es gefällt Dir nicht.

So lass ich es letztendlich lieber bleiben,
will keinen Schaden dadurch erleiden.
Denn wo Worte auf das Papier gezwungen,
ist am Ende dann doch nichts gelungen.

Drum sei nicht traurig, mein blutendes Herz,
es gibt sicher weitaus größeren Schmerz,
als Worte, die **nicht** aufgeschrieben,
geschützt **in meiner Feder blieben.**

Abendstimmung
Soraya

Die Sonne geht unter,
um mich herum wird es still.
Die Natur grad noch munter,
nun schlafen gehen will.

Sachte wiegt sich im Wind das Getreide,
zur Ruhe begibt sich die Trauerweide.
Auch die Vögel sind schon fast alle weg,
und haben ihr Köpfchen unter`m Flügel versteckt.

Die Nacht bricht herein, so dunkel und kalt,
Stille herrscht nun auf dem Feld und im Wald.
Nur die Katze, der Fuchs und der Igel erwachen,
ziehen los, um leckere Beute zu machen.

Ein kurzer Schrei zerreißt
die Sille der Nacht,
Einer der Jäger hat wohl
Beute gemacht.

Ein paar Stunden noch,
bis die Sonne sich rötet.
Ein Schuss, dann ist auch
das Reh noch getötet.

Und die unbarmherzigen
Schatten der Nacht,
haben nun grausam
ihr Werk vollbracht.

Wenn die Sonne dann golden
den Tag erhellt,
sieht es aus,
als wäre es friedlich
auf dieser Welt.

Im Sonnenuntergang

Herbert

Sehe die Sonne überm Meer untergehen,
leuchtend rot.
Scheint schön
wie ein Feuerball,
der im Meer versinkt.
Wie ein Herz,
das um Liebe ringt.

Ich denke an Dich,
was Du machst.
Ob Du traurig bist,
fröhlich lachst.
An mich denkst,
meine Gefühle kennst?
Meine Gedanken sind bei Dir.

Sehe Möwen kreisen
über Meer und Strand.
Bin allein!
Darf nicht halten Deine Hand.
Wird's anders wenn Du mich liebst,
und es mehr als nur Hoffnung
für meine Liebe gibt?

Das Lichtlein
Soraya

Ich habe ein Lichtlein aufgestellt,
das Dir Dein Innerstes erhellt,
das Deinem Herzen Wärme gibt,
und das dir sagt, ich hab Dich lieb.

Ein Kerzenschein aus weiter Ferne,
der angereist durch Mond und Sterne,
der leuchtet Dir am Firmament,
wo jeder Deinen Namen kennt.

Mach auf Dein **Herz** und lass es ein,
es tröstet Dich sein wohlig Schein,
und macht das Dunkel über Dir,
so freundlich, wie ein Gruß von mir.

Blatt im Wind

Herbert

Ein Blatt, am Zweige fest verbunden,
blickt traurig auf und nieder.
Möcht frei die Welt erkunden,
nur fliegen immer wieder.

Vöglein setzt sich, schaut ihm zu,
singt ein Lied für sein Leid.
Blatt will frei sein, so wie Du
sich erheben in Wolken gar weit.

Plötzlich naht ein starker Wind.
Äste beginnen zu wanken.
Blatt löst sich vom Zweig geschwind
und ruft: Will Dir danken!

Hoch hinauf geht´s mit dem Wind,
kann den Baum nicht mehr sehn.
Fröhlich lachend, wie ein Kind;
Fliegen ist wunderschön.

Doch der Wind, er wird still.
Weinend schwebt das Blatt zu Boden.
Keinen Halt, aber es will,
dieser Wind soll weiter toben.

Unter ihm das Vögelein,
zwitschert, lass Dich auf mir nieder!
Und das Blatt ruft, ach wie fein,
will auf Dein Gefieder.

Wunsch des Blattes ist erfüllt.
Setzt sich oben auf.
Viele Wolken sie verhüllt,
fliegen hoch hinauf

Soraya

Hab ich Durst, sollst Du mein Wasser sein.
Und wenn's mich hungert, sei mein Brot.
Sei mein Licht, mein Tag, mein Sonnenschein,
und auch mein feurig Abendrot.

Du sollst mein Auge sein, fehlt mir der rechte Blick.
Und meine Stimme, sollt ich einmal schweigen.
Sei mein Gehör und bringe mir den Klang zurück,
erlöse mich aus Einsamkeit und Schweigen.

Du bist der Schlag von meinem Herzen,
und auch der Schmetterling in meinem Bauch.
Du bist das Licht von hunderttausend Kerzen,
und meine große Liebe bist Du auch.

Und weil Du dies alles bist für mich,
Nähe, Weite und auch Ferne.
Bin ich ein bisschen auch für Dich,
Sonne, Mond und Sterne.

Leben

Soraya

Die Welt nicht immer so dunkel sehen,
mit beiden Beinen im Leben stehen.
Nicht immer gleich verzagen,
lieber nach den Gründen fragen.

Nicht weinen sondern fröhlich Lachen,
das Beste aus seinen Fehlern machen.
Die Liebe erlernen und verstehen,
nicht in die falsche Richtung gehen.

Den Glauben nicht so schnell verlieren,
für Schwäche sich nicht gleich genieren.
Die Tränen endlich laufen lassen,
und sich niemals dafür hassen.

Sich öfter mal die Hände reichen,
nicht leichtsinnig vom Kurs abweichen.
Mit Herz verzeihen und vergeben,
all das bedeutet, glücklich leben.

Melancholie

Soraya

Mit unsichtbaren schweren Ketten,
gefesselt an ein traurig Leben -
versuchst` dem einst geliebten Menschen,
noch einen Rest Respekt zu geben -
den er noch niemals sich verdient`,
weil er den Menschen Dir nur mimt -
der er im Ansatz nie gewesen.

Mit Deinem traurig, schweren Herzen,
entzündest trotzdem Du noch Kerzen,
und Lichter in den Kinderaugen,
die naiv Dir anvertrauen
ihre Seelenschmerzen -
und versuchst auf Deine Weise,
ganz zärtlich, einfühlsam und leise
einen Weg zu weisen -
auf dem sie sicher sich bewegen,
auch wenn die größten Stürme fegen,
ohne im Herzen zu vereisen.

Dabei vergeht die Zeit so schnell,
noch ist es Nacht, schon wird es hell,
und jeder dieser Tage -
erzählt dir, dass Du älter wirst,
die Schönheit weicht, und Du erfrierst,
stellst Du Dir wieder diese Frage …

… die Du schon tausendmal gestellt -
was machst Du hier auf dieser Welt?
Was ist der Sinn in Deinem Leben,
das überfüllt mit Schmerz und Lug,
und das so viel Enttäuschung trug,
nur nach Erlösung möcht` noch streben.

Mut

Herbert

Wenn Du traurig in die Tage schaust,
dich nichts mehr zu sagen traust.
Wenn in Dir das Glück vergeht,
nur noch aus Verzweiflung bestehst.
Wenn die letzte Hoffnung vergeht,
Liebe nur noch in Träumen lebt ...
...ist's Zeit zu kämpfen, sonst ist's zu spät!

Schlaflos

Herbert

Schlaflos die Nacht
Kein Auge zugemacht
Immerzu an SIE gedacht
Hat Kummer gebracht
Liebe entfacht
Die mich belacht
Zieh in Betracht
Dass diese Macht
Mich bewacht
Bis in die tiefe Nacht

Künstlers Pracht

Herbert

Der Künstler malt sein eigen Bild,
mal geordnet und mal wild.
Ist's am Ende wie er's mag,
erfolgreich war des Künstlers Tag.

Ist's grau in grau oder bunt,
was sich bildet ist gekonnt.
Zum Schluss er drüber lacht,
erfreut sich dann des Künstlers Pracht!

Das Besondere

Herbert

Hallo! WER oder Was bist DU?
Bist Du ein menschliches Wesen?
Bringst MIR Frieden und Ruh!
Durch Dich wird mein Herz genesen!
Ob DU wohl ein Engel bist,
der mich glücklich macht?
Mich niemals alleine lässt!
Bringst mir Trost bei Tag und Nacht!

Liebesgeflüster
Soraya

Ich liebe Dich so unermesslich,
kann die Hand nicht von Dir lassen.
Die Zeit mit Dir ist unvergesslich,
niemals könnte ich Dich hassen.

Deine wohl geformten Rippen,
mich mehrmals wöchentlich beglücken.
Zart fühl ich Deine dunkle Haut,
auf meiner, innig und vertraut.

Du bist mein heimlicher Begleiter,
im Bett und auf der Lebensleiter.
Und so betörend ist Dein Duft,
Du verführerischer Schuft.

Am Abend freu ich mich auf Dich,
zart fühl ich Dich auf dem Gesicht.
Und wenn ich Dich ganz freundlich frage,
beglückst Du mich sogar beim Bade.

Dort liegen wir im Kerzenschein,
und Du gehörst nur mir allein.
Bin angefüllt mit Lust und Gier,
bis ich Dich endlich in mir spür.

Du machst mich selig und so froh,
Mein dunkles Glück, ich lieb Dich so.
Und bin ich einmal richtig fade,
brauch ich Dich auch, oh Schokolade.

Ohne Liebe lebt man nicht ...
Herbert

Kann man noch an Liebe glauben?
Wo Liebe doch das Herz zersticht!
Kann man noch an Liebe glauben?
„So" versteht man Liebe nicht!

                        Kann man noch an Liebe glauben,
                        wenn sie nur das Glück zerbricht?
                        Kann nicht mehr an Liebe glauben,
                        weil „ohne" Liebe lebt man nicht!

Tränen ...
Herbert

... **kannst** Du nicht verbergen!
Doch wenn Du es tust,
hast Du das Gefühl - **Du** musst sterben!
Gefühle füllen die Tränen!
Musst keine Scheu vor ihnen **zeigen**!
Wenn Du dies tust, wirst Du leiden ...

Die Katze auf dem Gleise...

Von Soraya, nach einem Gedanken von Herbert

Eine Katze sitzt still auf dem Gleise.
Lebt in den Tag hinein, schnurrt ganz leise.
Niemand kann wissen, worüber sie denkt,
und ob überhaupt ein Denken sie lenkt.

Links und rechts von ihr ist es sonderbar still.
Auch von hinten und vorne nichts regen sich will.
Die Anspannung in dem Beobachter steigt,
die Katze entspannt ihr Köpfchen neigt.

Sie spürt nun ganz nah, den Zug aus der Ferne.
Entspannt sich beim Surren der Gleise so gerne.
Erst in letzter Sekunde **erkennt** sie die Not,
springt schnurrend vom Gleis, **sonst wär sie jetzt tot.**

Bin so wütend…

Herbert

Möchte gern was Schönes dichten,
von einer intakten Welt berichten.
Nachrichten die ich höre oder schau,
ärgern mich grün und blau.
Lügen, Krieg, Mord und Tod,
auch Ängste zu leben in Not.
Warum regieren die Herrscher der Welt,
nur um den Betrug und das Geld?

Kein Gefühl für Mensch und Natur,
von Demut und Ehre keine Spur.
Niemand will die Wahrheit sagen,
auf unangenehme und kritische Fragen.
Doch **GROSSE** Worte mit „**ohne**" was drin,
Sätze mit **aber**, aber „**ganz**" ohne Sinn.
Eines nur lässt mich hoffen,
wer **dafür** kämpft, dem bleibt die Zukunft offen.

Meine Sternschnuppe...

Herbert

Licht im Dunkeln,
Sternchen mein,
kann Dich spüren,
bin mit Dir nie allein.
Du bist das Licht,
das neben mir geht,
Dein schützend' Arm
Du um mich legst.

Bist die Stufe
unter mir,
mein Schritt ist sicher,
mein Sternchen mit Dir.
Bist das Lächeln,
das mich erfüllt,
das Lichtlein am Himmel,
das mich umhüllt.

Bist mein Trost
in dunkler Nacht.
Ich weiß, Du bist da,
und liebevoll lachst.
Bist das Flüstern,
das mich umkreist
und mir den Weg
zur Liebe weist.

Sucht

Soraya

Sucht sagt, dass man etwas **sucht**.

Sucht ist etwas, das ver**flucht**.

Fluch ist jede Art von

Sucht.

Sucht ist eine

Lebens**flucht**.

Lebens**flucht** endet in **Sucht**.

Ein Hauch von Leben

Soraya

Dein Gesicht in meiner Hand,
kreidebleich, wie eine Wand.
Deine Blicke, **verzweifelt und leer,**
ein Herz, das schreit, ich will nicht mehr!

Dein Körper, ausgezehrt und schlapp,
Worte, undeutlich und knapp.
Deine Augen, tränenleer,
ein Herz das **schreit, ich kann nicht mehr!**

Meine Blicke auf Deinem Gesicht,
die leise Bitte, mach das nicht.
Meine Tränen, geweint um Dich,
ein Herz, das schreit, ich will sie nicht!

Du bist gefangen in der Sucht,
hast nicht die Kraft für eine Flucht.
Und mir bleibt nichts, als zu **verstehen,**
Du **wirst daran zu Grunde gehen.**

Schattengeister

Herbert

Der Sturm - er heult,
und Wolken treiben.
Glocken läuten hoch vom Turm.
Regen peitscht
an die Fensterscheiben!

Schattengeister
im Gewitterschein zu sehen.
Ängstlich,
und erstarrt wie ein Kind,
bleib ich
gelähmt still stehen!

Der Sturm lässt nach
für kurze Zeit!
Sein tosendes Lied schläft ein.
Hab Angst!
Nach Hause noch so weit,
mag nicht mehr alleine sein!

Was wäre...

Herbert

... wenn die Welt als Traum erscheint,
nur noch lacht, nicht mehr weint,
wenn trotz Regen Sonne scheint,
sich mal wieder alles reimt!

Wenn das Paradies auf Erden ist,
wenn das Glück hat keine Frist,
wenn die Kraft dir endlos ist,
nur die wahre Größe misst!

Vergessen das Leid.
Alles mehr, als nur gescheit.
Nicht ganz da und doch bereit,
dann strahlt das Herz vor Fröhlichkeit!

So ein Depp!

Soraya

Auf dunklem Wege, still und leise,
schlich er sich vom Hause weg.
Dabei **trat er in Hundescheiße,**
großer Gott, war das ein Schreck!

Er war dem Fluchen schon ganz nah,
weil es so fürchterlich ihm stank!
Als er sein Eheweib dann sah,
das ihren Ehemann nicht fand!

Schnell ist er hintern Busch gekrochen,
wollt` gern noch in die Kneipe gehen!

*D*och seine Frau hat ihn gerochen,
und blieb vor dem Gebüsche stehen!

*E*r spürte ihren Griff im Nacken,
langsam zog sie ihn am Kragen!
Lass unseren Hund vors Haus nicht kacken,
dann kannst du geh`n, ohne zu fragen!

*A*uf dunklem Wege, still und leise,
schlich er sich vom Hause weg!
Trat in die eigne Hundescheiße,
großer Gott, was für ein Depp!

Schau in den Himmel

Soraya

Heb` Deinen Blick und schau nach dem Mond,
der hoch über dir am Himmelszelt thront.
Sieh nur, wie silbern die Sterne dort funkeln,
sie leuchten für dich, ganz alleine im Dunkeln.

Und wenn sie nicht mehr am Himmelszelt stehen,
dann siehst Du die Sonne dort oben aufgehen.
Die so heiß und hell vom Himmel Dir scheint,
dass die Tränen trocknen, die Dein Herz dir geweint.

Schau in den Himmel, wenn Du traurig bist,
weil die unendliche Weite dort oben nur ist.
Sie nimmt dir die Enge für einen Augenblick,
und Du kehrst gelöst in den Alltag zurück.

Mein Paradies...

Herbert

Mein Paradies
mein Himmelreich auf Erden,
hab mich verliebt in Dich -
kann mich dagegen nicht erwehren!

In den Dünen verträumt ich sitze,
schweb davon, auf Möwenschwingen,
geb mich meinen Gedanken hin,
fang leise an zu singen!

Ich singe Dir ein Liebeslied,
wunderschön und innig.
Aus Worten wird ein Reim,
melodienreich und sinnig.

In mein Paradies
fallen meine Töne leise,
hüllen es mit Liebe ein
wie aus Nebel, zarter Weise!

Alles leuchtet, strahlt mit Wärme
wie das helle Sonnenlicht.
Himmelsblau über meine Insel;
Liebe ist's - was Du versprichst!

Glücklichsein
Soraya

Wenn man das wahre **Glück** erlebt,
so dass man denkt, die Erde bebt.
Wenn man ein Herz geschenkt bekommt,
in dem nur Lust **und Liebe** frommt.
Wenn man den Rest des Lebens spürt,
dass man **im Herzen** nicht mehr friert.
Wenn man nicht festhält dieses Glück,
dann kommt`s vielleicht nie mehr zurück.

Danke
Herbert

Bist immer da wenn ich Dich brauche.
Bist da, um Spaß zu haben,
welch Glück davon zu laben.
Dem Glücke dankbar, Dich zu kennen.
Bin froh, sagen zu dürfen:
„Es ist schön, dass es Dich gibt...
...bin glücklich, dass DU mich liebst!

Seele

Unsere Seele bekommt ihre Flügel erst nach dem Tod, um sich einen neuen Ort zu suchen, an dem sie ruhen oder aufleben darf.
Wir sind daher gezwungen, uns mit unserer Seele auseinanderzusetzen, um Schaden von ihr abzuwenden, sie zu streicheln und zu pflegen, damit sie uns ein Leben lang erhalten bleibt und uns nicht mit in die Abgründe zieht, die wir für sie geschaffen haben.

Das ist mein Gedanke

Soraya

Seele aus Glas

Herbert

Vermeide ...
die Gefühle eines Anderen zu verletzen,
denn sie sind wie aus Glas!
Wenn sie zersplittern,
zerschneiden sie die Seele ...

Ausgedient...

Herbert

Ein Leben lang
vor keiner Arbeit bang.
Gearbeitet, jede Stunde zählt.
Die Zeit jetzt fehlt!

Nichts mehr zu tun,
der Körper soll ruh'n.
Eine Mitteilung im Schrank,
ist DAS wahrer Dank?

Das Werkzeug beiseitegelegt,
Abschied die Seele bewegt.
Am Körper NUR Schmerz.
Die Frage: Ist DAS Herz?

Ist so der Schluss der Weisen?
„Abgenutzt - zum alten Eisen"!
Still und allein heißt sein Leid,
folgt darauf nun Einsamkeit.

Die Rente gering, nicht viel.
Leben im Alter war das Ziel.
Nur der schwere Weg bleibt
und ihn zur Arche treibt!

Frauenlogik

Soraya

Eine kleine, süße Zicke,
saß in ihrer Schreibtischmitte,
hatte keine Schokolade,
mehr, in ihrer Schreibtischlade,
was natürlich dazu führte,
dass ihre Stimmung eskalierte,
weil die Glückshormone fehlten,
die die Zicke sonst beseelten,
weshalb sie lauthals meckern musstete,
was dann ihr Gegenüber frustete,
sodass es sein Gemüte rührte,
was dann zu einem Angriff führte,
der die süße, kleine Zicke,
traf, in ihrer Schreibtischmitte,
wo sie ohne Schokolade,
erneut ging auf die Barrikade,
weil ihr die Glückshormone fehlten,
die sie doch sonst immer beseelten,
damit sie nicht mehr meckern musstete,
und so ihr Gegenüber frustete,
und es ihm am Gemüte rührte,
was wiederum zum Angriff führte,
auf diese süße, kleine Zicke,
die in ihrer Schreibtischmitte,
noch immer ohne Schokolade,
erneut ging auf die Barrikade,
weil ihr die Glückshormone fehlten …

Heller Stern
Herbert

Bist mir so nah,
doch so fern.
Kann dich sehen,
aber nicht berühren.
An Dich denken,
aber dich nicht spüren.
Komm zu mir her,
ich hab Dich gern.
Will bei Dir sein
mein heller Stern.

Meine Insel
Herbert

Wasser umspültes Land,
Insel mitten im Meer,
umsäumt vom weißen Sand,
so karg und menschenleer.

Nicht Straßen, noch Haus,
irgendwo Hektik, kein Laut,
kein Hund oder Maus,
Frieden - wohin mein Auge schaut!

Woher komme ich nur?
Herbert

Nur eine Träne
aus dem Auge fließt.
Nur eine Träne,
die man übersieht.

Nur **eine** Träne,
aus Verzweiflung geweint.
Nur eine Träne, die zeigt,
wie ernst sie es meint.

Nur eine Träne,
eine **einzige** - nichtssagend.
Nur eine Träne,
eine - jeden Abend.

Nur eine Träne -
kümmert sich wer?
Es fragt sich die **Träne**,
wo komm ich nur her?

ANTWORT -

Du kommst aus der Unendlichkeit der Gedanken, aus der Unsterblichkeit der Sehnsucht, aus der Hoffnungslosigkeit der Liebe und aus der Tiefe des Herzens eines Menschen, der weint, weil ihm danach zumute ist.
Das ist Deine Bestimmung.
Soraya

Gib nie auf...

Herbert

Wenn Du weinend die Welt durchläufst,
nicht mehr an das Gute glaubst.

Wenn sich Dir die Frage stellt:
„Was soll ich noch auf dieser Welt?"

Wenn Du nur noch traurig bist
und keinen Sonnenstrahl mehr siehst.

Wenn alles läuft total verkehrt,
gib nicht auf, das ist es nicht wert.

Versuche neue Hoffnung zu kriegen,
die Hoffnung, Geduld wird siegen.

Nimm Dein Leben in Deine Hände,
stellt sich ein die Wende!

Musst Dich trauen, Du brauchst Mut,
so geht es Dir bald wieder gut.

Dann wird das Glück bei Dir sein!
Wenn Du kämpfst, lässt es Dich nicht allein!

ICH RATE DIR

Soraya

Glaube an Dich und Deine Kraft,
Wärm` Dich an Deinen Lebenssaft.
Nimm wahr, das Klopfen Deines Herzen,
vergiss mal Deine Seelenschmerzen.

Leb` nicht in der Vergangenheit,
nicht in der Zukunft, die ist weit!
Bleib` hier in diesem Augenblick,
genieß` ihn! Er kommt nie zurück!

Am Wegrand blüht ein Löwenzahn,
er zeigt Dir wie man leben kann!
Und hat er auch kein Blatt am Stiel,
er blüht! Das ist sein täglich Ziel.

Natürliches Wachstum

Soraya

Der Mensch ist wie ein kleines Rinnsal,
das hoch auf einem Berg entspringt,
und auf dem weiten Weg ins Tal,
an Kraft und Schnelligkeit gewinnt.

Erst läuft es langsam und auch leise,
zwischen Felsen und Gestein,
wird dann **auf wundersame Weise,**
nach und nach zum Bächelein.

Mit seiner kindlichen Verspieltheit,
plätschert nun der kleine Bach,
vorbei an Bäumen, Wiesen, Feldern,
und macht dabei schon richtig Krach.

Den Menschen gleich, wächst auch das Wasser,
gar schnell aus seinen Kinderschuh`n,
um wild und tobend, mit Gebpasser,
seine Jugend kund zu tun.

Nun ist der Bach ein kleiner Fluss,
der rauschend seines Weges zieht,
und launisch, wie ein Jugendlicher,
die Welt mal gut - mal böse sieht.

Nicht immer folgt er seinem Lauf …
… gerade, wie das Menschenkind.
Oft tritt er über seine Ufer,
und misst sich lautstark mit dem Wind.

Auf seinem Weg zum Älterwerden,
schenkt er neuen Flüssen Leben,
und weil er stärker wird und breiter,
wird es so manche von ihm geben.

Der Weg vom Rinnsal bis zum Fluss,
vom Morgen bis zum Abendrot,
ist gleich, vom Wasser und dem Menschen,
von der Geburt, bis hin zum Tod.

Bewegt von all den Lebensstürmen,
bis hin in alle Ewigkeit,
wird Mensch und Wasser **Ruhe finden,**
im Ozean der Unendlichkeit.

Wildgänse fliegen

Herbert

Wildgänse rauschen übers Land.
Mensch steht da, wie gebannt.
Solch Schauspiel bisweilen sieht,
seltsam wird's ihm ums Gemüt!

Es ist ein selten Menschen Glück.
Er zieht - sie ziehen, Stück für Stück.
Nicht zwei, drei, fünf, sechs, zehn!
Hunderte am Himmel sind zu sehn!

Glücksmoment

Herbert

Ein Moment mit Dir voll Glück,
voll Wärme und Geborgenheit,
ist „mehr" als ein Augenblick
für's „jetzt" und für die Zeit!

Eisenherz

Soraya

Manche Herzen erscheinen dir,
gemacht aus Eisen, ganz ohne Tür.
Nur tiefe Kratzspuren erinnern daran,
dass man diese Türe wohl öffnen kann.

Es gingen dort viele ein und aus,
machten gar ein Schlachtfeld daraus.
Entweihten diesen Ort der Liebe,
verteilten Stöße und auch Hiebe.

Nicht immer war das Herz aus Eisen,
einst konnte Liebe es erweisen.
Es schlug aus Freude, wie aus Schmerz,
bis es erfror, das kleine Herz.

Über die Liebe

Soraya

Die Liebe ist fern und doch so nah,
Sie ist Realität und doch nicht wahr.
Glühend wie Lava und kalt wie Eis.
Völlig vertrocknet und nass, wie Schweiß.

Die Liebe kann böse sein aber auch gut.
Kann Dich entmutigen und macht Dir Mut.
Sie lässt Dich in reinsten Tönen singen,
und kann Dich für immer zum Schweigen bringen.

Die Liebe kann schmutzig sein, aber auch rein.
Sie kann leise flüstern und fürchterlich schreien.
Liebe kann geben und auch wieder nehmen.
Liebe macht stolz und sie lässt sich Dich schämen.

Liebe macht sehend aber auch blind.
Sie ist meist erwachsen, jedoch oft ein Kind.
Du kannst an ihr wachsen oder zerbrechen.
Liebe kann Dich belohnen und sich an Dir rächen.

Liebe kann weh tun aber auch gut.
Sie öffnet die Arme oder nimmt ihren Hut.
Die Liebe lässt sich oft schwer verstehen.
Halte sie fest oder lasse sie gehen.

In Gedanken bei dir
Soraya

Jeden Abend freu ich mich,
weil ich spür, Du denkst an mich.
Leise geht der Tag zur Ruh,
in meinem Herzen bist nur Du.
Ich schlaf `mit dem Gedanken ein,
im Traum ganz nah bei Dir zu sein.
Und kuschle mich an Deine Brust,
worin Dein Herz schlägt, voller Lust.

Drei Worte…
Herbert

Drei Worte sollen sagen,
aus meinem Herzen zu Dir tragen,
zärtlich, leise - ganz still,
all meine Liebe, mein Gefühl,
das nur für Dich, ich jetzt in mir trag,
Stund' um Stund', **Tag für Tag**.
Jeden Blick, den Du mir schenkst,
die Zeit, die Du an mich denkst,
mein Herz berühren,
wärmen mich,
drei Worte sagen … **ICH LIEBE DICH**

Freue dich am Leben

Soraya

Freu Dich, dass täglich die Sonne aufgeht,
dass der Mond mit den Sternen am Himmelszelt steht.
Über das Lachen, und Lärmen unbeschwerter Kinder,
den Frühling, den Sommer, den Herbst und den Winter.

Über die Gefühle, die Dich durchs Leben führen,
über Worte und Gesten, die Dein Herz tief berühren.
Über Erfahrungen, die das Leben Dir schenkt,
und über das Schicksal, das Dich tagtäglich lenkt.

Freu Dich über zwei Augen, die sehen,
über Hände, die fühlen und Beine, die gehen.
Über die Fähigkeit, Freud und Liebe zu geben,
und die **Kraft**, das Böse aus den Angeln zu heben.

Freu Dich über jeden beginnenden Morgen,
über kleine und auch über größere Sorgen.
Weil sie tagtäglich aufs Neue Dir sagen,
DU LEBST - **an guten, wie auch an schlechten Tagen.**

Ein Rauschen ...

Herbert

... mein Blut und das Meer,
Deine Hand, die mir sagt -
ich begehre
Dich sehr!

Hass ...

Herbert

... lässt die Seele darben!
Zurück bleiben tiefe Narben!

... nimmt dem Geist das Denken!
Kann kein Trostwort schenken!

... fügt zu dem Körper Leiden!
Wird kein Leben übrig bleiben!

Nur Körper, Geist und Seele
bilden des Menschen Einigkeit!

Wenn auch eins nur fehle,
macht Hass sich breit!

Pubertät
Soraya

Hallo mein Sohn, ich liebe Dich,
kein bessres Kind gibt es für mich.
Du bist so klar undefiniert,
und lügen tust Du ungeniert.

Bist nett und freundlich, doch im Grunde,
triffst Du in jede offene Wunde.
Streust Salz hinein und rührst dann um,
und wenn wer weint, stellst Du Dich dumm.

Du bist belesen und gescheit,
erstickst an Überheblichkeit.
Und Deine Art von Arroganz,
erhält nur selten Resonanz.

Mit Worten laut und gar nicht schön,
kannst Du nicht mal hausieren gehn.
Weil Du beleidigst, kränkst und schmerzt,
denkt man von Dir, Du hast kein Herz.

Spricht man mit Dir, hörst Du nicht zu,
rechtzeitig gibst Du niemals Ruh.
Willst in der ersten Reihe stehen,
und allen auf die Nerven gehen.

Kriegst Du dann Ärger, brüllst Du laut,
so, dass es uns vom Hocker haut.
Du hörst nicht auf und bist nicht still,
obwohl Dich keiner hören will.

Beleidigt sein kannst Du ganz gut,
zur Einsicht fehlt Dir meist der Mut.
Willst, dass wir Dir zu Füßen liegen,
und dass wir uns für Dich verbiegen.

Am Ende hast Du Glück gehabt,
weil ich trotz allem lieb Dich hab.
Ich hoffe, sie ist bald vorbei,
die ewig` Nervenschinderei.

Nun wart` ich, dass die Zeit vergeht,
auf`s Ende Deiner Pubertät.
Beginne jeden Tag auf`s Neu,
und bleibe Dir als Mutter treu.

Kommunikationsprobleme

Soraya

Großer Gott, was ist mit mich?
Ständig denk ich nur an Dir.
Schau mich in die Augen nicht,
heirate doch lieber mir.

Wenn der Preuß` zum Bayern spricht,
kennt er die Unterschiede nicht,
zwischen mir und mich und mir,
oder Dir und Dich und Dir.

Weisheit
Herbert

Vielfalt der Natur.
Einfalt des Menschen.
Niedertracht im Wesen.
Arm sein im Glauben.
Reichtum an Geld.

Ist das des Menschen Pracht?
Verblühen wird Schönheit,
Wohlstand vergehen!
Begrenzte Zeit uns gegeben,
sie bleibt nicht ewig bestehen!

Aus Angst geboren

Herbert

Aus Ängsten geboren, das TUN.
Die Seele verloren
gegen Lohn.

Den Körper verkauft, wie's kam.
Seele zerstört
durch Scham.

Kann nicht zurück ins Leben.
Nichts ist geblieben,
alles gegeben.

Was übrig blieb, die Hülle.
Kein bisschen Lieb',
nur Stille.

Ins Nichts treib ich nun.
Was noch verbleibt,
nichts *tun?*

Das Auge

Soraya

Des Menschen Auge lässt tief blicken,
so vieles kannst Du darin sehen.
Du siehst, wie Kinder Blumen pflücken,
und ganze Welten untergehen.

Du blickst hinunter bis ins Herz,
siehst Freude, Licht und Liebe.
Siehst aber auch den blanken Schmerz,
kannst fühlen seine Hiebe.

Das Blau des Himmels kannst Du sehen,
und wie die Stürme fegen.
Das Licht der Sonne, die Dich wärmt,
und auch den kalten Regen.

Du siehst die Freude und die Trauer,
das Leben und den Tod.
Die endlose Weite und die Mauer,
die dunkle Nacht und das Morgenrot.

Oft muss man nicht reden,
es genügen auch Blicke.
Sie geben Dir Halt,
oder würgen, wie Stricke.

Sie schenken ein Lächeln,
genauso, wie Zorn.
Und können Dich stechen,
wie von Rosen der Dorn.

Drum schau durch die Augen,
den Menschen ins Herz,
und lerne den Umgang,
mit Freude und Schmerz.

Sei wachsam und ehrlich,
und schreck nicht zurück,
in einem Dir wichtigen
Augenblick.

Immer wieder

Herbert

… jeden Tag und jede Nacht,
hat meine Liebe Dich bewacht.
Liebe ist ein schönes Wort …

… **NUR** bei **DIR** ist der richt'ge Ort.
Lieben und leben will ich nur für Dich.
Ein davor, dazwischen, danach, gibt es nicht!

Fernweh

Herbert

Sitze allein am Strand, kreischende Möwen über mir,
und sprech mit dem Wind,
der in den Dünen ein Lied von Fernweh singt.
Gern würd ich hinausfahren,
fernab der Küste tristen Lebens.

Oder - im Dunst am Horizont verschwinden,
wo sich Himmel und Meer küssen vergebens.
Fahles Gesicht, eisgraues Haar.
Viel Furchen hinterließ die Zeit in der Haut,
wie das Wachsen der Baumrinde Jahr für Jahr.

STELL DIR VOR...
Soraya

... **stell** dir die Bäume ohne Blätter vor,
und für die Musik ein taubes Ohr.
Zwei blinde Augen für das Schönste der Welt,
und nichts zu kaufen, für noch so viel Geld.

Stell **Dir** das Wasser vor, ohne die Fische,
und auch den Wind, ohne jegliche Frische.
Das Gesicht eines Kindes, ohne ein Lächeln,
und ohne ein Rauschen, den Lauf von den Bächen.

Stell Dir ein Herz **vor**, ohne jegliche Wärme,
und das Dunkel des Himmels, ganz **ohne** die Sterne.
Tränen, die keine Bedeutung mehr haben,
und keine Antwort auf all Deine Fragen.

Stell Dir vor, von allem nur die Hälfte zu sehen,
und all Deine Wege nur halbwegs zu gehen.
Ein Ende **zu** glauben, wo`s doch weiter geht,
und nicht zu erreichen, was vor Dir steht.

Nicht jeder Mensch wird einmal alt,
das **Leben** ist oft schnell gelebt.
Drum nimm Dein Leben nicht nur halb,
wenn es als Ganzes vor Dir steht.

Zu gerne

Herbert

Zu **gerne** ging ich barfuß,
spuckte Kirschkerne.

Zu gerne saß ich auf Opas Schoß,
lang vergangen - liegt ferne.

Zu gerne läge ich noch mal
unter leuchtendem Sterne.

Hatte ich Schmerz bei Elternstreit,
nahm Opa mich ans Herz.

Vermisse so sehr die Worte, ihre Stimmen
nicht zu hören mich schmerzt.

Von Herzen möchte ich lachen,
und weinen, Dummes machen.

… **wär ich** doch **noch Kind**,
all meine Träume
verschwunden längst sind.

SONNENUNTERGANG

Soraya

So viele Jahre sind nun schon vorbei.
Wir leben zusammen und keiner ist frei.
In sich gefangen, ohne Wärme und Glück.
Vorbei all die Jahre, keines kehrt je zurück.

Sag, warum heißt es Liebe, obwohl es so schmerzt?
Und warum reißt es Gräben, tief in unser Herz?
Wir wissen doch beide, unsere Liebe ist tot.
Nun wird sie ertrinken, in ihrem Abendrot.

Tropfend Herz
Herbert

Wenn es tropft aus meinem Herzen,
spüre ich nicht Zeit noch Raum.
All die Tropfen, sie schmerzen,
jeder Tropfen ist ein Traum.
Alle Träume sind aus Perlen,
jede Perle ist ein Wort.
Liebe Worte lass ich perlen von Herzen
zu DIR, in einem fort …

Fantasie

Soraya

Wie die Wasser ineinander fließen,
die Berührung, den Geschmack genießen.
Wie die Winde sich im Sturme finden,
sich aneinander reiben, ineinander winden.
Wie die Gletscher ineinander gleiten,
durch Täler, Höhen, Engen, Weiten …

… so stell ich mir die Liebe vor.

…berührende Hände

Herbert

Deine Hand … meine Hand,
Du berührst mich, ich berühre Dich.
Bin so glücklich, dass ich Dich fand.
Du bist das größte Glück für mich!

"Liebe verzaubert"
Herbert

Dein schönes Gesicht verzaubert im Kerzenschein.
Dein Lächeln nicht süßer kann sein.

Blicke sich treffen, voll verstehen,
die Zeiger der Uhr sich nicht mehr drehen.

Du bist nicht im Gestern, nicht im Morgen,
im "Jetzt", kennst Du nicht Schmerz noch Sorgen.

In Deinen Augen spiegelt sich das Glück -
von der Liebe, allem Irdischen entrückt.

Fast greifbar steht unsere Liebe im Raum,
und wissen beide, es ist "nicht" Traum.

Diese Momente sollen nie vergehen,
die Uhrzeiger für ewig stille stehen.

Ich liebe Dich für alle Zeit...

Respekt und Achtung – verdammt, was ist das?

Soraya

Meine Antwort auf das Gedicht aus dem Internet:
Tote Helfer am Bahnsteig, München

Von welchen Werten sprichst Du hier?
Die sind doch begraben unter Macht und Gier.
Die hat es auch früher schon nicht gegeben,
denn sonst würden heute noch all Jene leben,
die tot geprügelt, erhängt und erschossen,
vergast, verbrannt und sonst ausgeloschen.

Respekt vor dem Leben anderer Leute,
gab es früher schon nicht und auch nicht heute.
Denn hat man die Heilerin erst mal erkannt,
wurde sie gleich zur Hexe, und als solche verbrannt.
An jedem Ort und in all diesen Leben,
hat es Mord in allen Varianten gegeben.

Nur wurde die Todesstrafe längst abgeschafft,
und kein Täter schmort mehr im eigenen Saft.
Viel zu human sind die Strafen für Gewalt,
denn die Täter werden im Knast nicht mehr alt.
Ein Leben ist oft nur ein paar Jahre wert,
was unsere Rechtsprechung sicher nicht ehrt.

*Verbrecher müssen lediglich ihre Freiheit lassen,
ein Grund mehr, die Gesetzgebung dafür zu hassen.
Denn der Mensch, dessen Leben sie ihm genommen,
ist tot! Und er wird niemals wiederkommen!
Bei diesem Gedanken wird mir so schlecht!!!
Aber das ist nun mal unser „Deutsches Recht"*

*Was ist mit all diesen toten Seelen?
Und den Schmerzen, die die Hinterbliebenen quälen?
Was ist mit den vergewaltigten Kindern und Frauen?
Deren Leben begleitet wird, von all diesem Grauen?
So traurig das jetzt auch klingen mag,
jeder Tote hat noch Glück im Unglück gehabt.*

*Denn wer solch eine Brutalität überlebt,
ist niemand mehr, der aufrecht durchs Leben geht.
Von Angst werden die Augenblicke zerfressen,
denn was er erlebte, kann er niemals vergessen!
Die Täter sitzen nur ein paar Jahre ab,
die Opfer hingegen, gehen oft freiwillig ins Grab.*

*Bei diesem Gedanken wird mir sooo schlecht!!!
Doch das sind die Strafen nach „Deutschem Recht"
Solange die Strafen nicht abschreckender werden,
wird es Gewalt und Totschlag geben auf Erden.
Wer anderen das Leben nimmt, mit Gewalt,
der hoffentlich bald mit dem eigenen bezahlt.*

*Und wer andere Menschen mit Füßen tritt,
der bekomme es bitte genau so zurück!*

Undank

Soraya

Wenn die Hand zu weit ausgestreckt,
sich nach dem Eigentum des besten Freundes reckt.
Wenn die Augen den eigenen Tellerrand verlassen,
um nach den Leckereien der besten Freundin zu haschen.
Wenn man nach der Liebe des eigenen Bruders trachtet,
obwohl man selbst gar nicht schmachtet.
Wenn man an das Geld der Eltern will …
… dann ist Undank nicht nur ein Gefühl.

Selbstmord … die Lösung?

Herbert

Zum Tode fühl' ich mich gezogen!
Kein Lebenswille, keine Kraft mehr!
Mein Leben verdammt, verlogen!
Erlösung wünsch' ich mir so sehr!
Werd' dem Leben nun entrinnen!
Ein „Neues" im Jenseits dann beginnen…?

Borkums Wellen...

Herbert

Wellen sie rauschen,
in dunkler Nacht.
Will ihnen lauschen,
der Mond hält Wacht.

Augen starren ins Dunkel,
dem Spiel der tosenden Wellen.
Nicht ein Stern mag funkeln,
um die Nacht zu erhellen.

Die Wellen kommen und gehen,
das Rauschen mal leise, dann laut.
Müssen sich selbst überstehen,
der Gesang mir so vertraut!

>Eingesperrt<

Herbert

Tränenschwerer Schmerz.
Gebrochenes **Herz**.
Seelenglück vergangen,
in Finsternis **gefangen**.

Eingesperrt das Leben.
Kann **Liebe** nicht geben.
Barrieren zu hoch.
Mensch braucht Liebe doch!

Gefühle **fort**, nichts da mehr.
Keine **Gedanken**, alles leer.
Kein Kraft, Lieb' am Schwinden.
So kann kein Herz sich finden.

Off'ner Blick, - doch leer.
Das Leben **schwer**.
Kein Glück dazu -
such nun Ruh ...

Noch einmal sehen ...

*Gemeinschaftsgedicht; Plattdeutsch von Herbert,
ins Hochdeutsch übersetzt von Soraya*

Ich spür das ew'ge Schweigen,
an dieser friedlichen Stelle.
Leise fallen Blätter von den Zweigen,
Freiheitsgedanken drehen sich schnelle.

Mein Blick geht in die Ferne,
wo Kreuze steif auf Gräbern steh'n.
Ich denk immerzu - wie gerne,
möchte ich Dich noch einmal wiederseh'n.

Leise spielt der Wind mit den Bäumen,
so wie das Schicksal mit mir.
Ich fange an von Dir zu träumen,
möcht' Dich umarmen, wär gern bei Dir.

Habe Tränen in den Augen,
möchte Deine Seele spüren.
Möchte so gerne daran glauben,
dass ich könnte Dich berühren.

So werd' ich auch mal liegen,
Staub der Erde deckt mich zu.
Kein Lebender wird den Tod besiegen,
hier - regiert die letzte Ruh.

Lebensweisheit...
Soraya

Wie wir den Tag erleben,
was wir an Liebe geben,
wie wir die Dinge sehen,
auf welchem Weg wir gehen -

Wonach wir manchmal fragen,
was wir mit Güte sagen,
vor was wir Angst empfinden,
woraus wir uns drehen und winden -

Egal, was wir tun oder lassen,
ob wir uns lieben oder hassen,
ob wir nun weinen oder lachen,
getrennt oder gemeinsames machen -

Ganz egal ob wir gut oder schlecht,
uns einig sind oder ungerecht,
alles geschieht im Augenblick,
halte ihn fest, denn er kehrt nie zurück!

Die Rose...
Herbert

Liebe gestohlen, konnte nicht bestehen.
Letzte Rose im Garten stand.
Liebe nicht Erfüllung fand.
Eine Rosenblüte lang musste vergehen.
Erinnerung blieb, Duft nie verweht.
wenn die letzte Rose nicht mehr steht.

Lauf des Lebens...
Herbert

Das Lebensrad dreht sich weiter,
steht niemals still.

Ist die Welt auch grau, nicht heiter,
ist doch alles Gottes Will!?

Ein Gedicht, das nicht gefällt ...
Soraya

„Ich liebe Dich" ist wohl der schönste Satz der Welt,
viel zu oft wird er aufs grausamste missbraucht.
Die "Liebe" gibt es zu kaufen, selbst für wenig Geld,
und eine grenzenlose Vielfalt hat die "Liebe" auch.

Jeder hat sein eigen Maß, um sie sich zu beschneiden,
das einzig Wichtige ist wohl, dass sie gefällt.
Die wahre "Liebe" bringt auch oft das wahre Leiden,
ist sie gestorben, bleibt nur noch der Streit ums Geld.

Zu viele Kinder werden nicht aus "Liebe" gezeugt.
sind leider viel zu häufig ein Produkt der Fleischeslust.
Oft ist es auch der Glaube, der die Menschen beugt,
und die Geburt dieser Kinder dann ein "Muss".

Kinder werden nicht selten zu Tode geliebt,
von Verbrechern und sogar von ihren eigenen Vätern.
Das ist niemals "Liebe", sondern animalischer Trieb,
ein Vergehen am Kind, von gemeinen Verrätern.

Aus "Liebe" werden Kinder sogar verkauft,
um den Rest der Familie über Wasser zu halten.
Viele von ihnen sind noch nicht einmal getauft,
wenn schweigend ihre kindlichen Seelen erkalten.

Es gibt Frauen, die werden aus "Liebe" geschlagen,
und zum Dank sollen sie dann aus "Liebe" verzeihen.
Von "Liebe" erstickt wird ihr Schrei und ihr Klagen,
und aus "Liebe" können sie sich nicht befreien.

Aus "Liebe" werden viele Kinder gezwungen,
das eigentliche Ziel ihrer Eltern zu erreichen.
Höchstleistungen werden ihnen abgerungen,
hierfür muss die Kindheit gnadenlos weichen.

Was bedeutet letztendlich „Ich liebe Dich"
wenn die "Liebe" wie ein Chamäleon erscheint.
Wenn sie sich einfärbt, für Dich und für mich,
dem Einen nur lacht und dem Anderen weint.

... ~~weil es die Wahrheit uns erzählt!~~

Der Traum vom Fliegen

Herbert

Wie ein Vogel fliegen,
dem Himmel entgegen.
Auf den Wolken liegen,
tollkühn und verwegen.

Ohne Angst hinunterschauen.
Mit Frohsinn im Gesicht.
Klein, unscheinbar ist alles,
kümmert mich nicht.

Schwing' himmelwärts,
leicht wie eine Feder.
Eingehüllt von Stille,
träumt davon nicht jeder?

Sorgenfrei gleiten,
bevor die Landung naht.
Scheint alles unbedeutend,
zu sehen nicht ein Pfad!

Gestärkt, entspannt, mich nicht verbiegen,
setz ich mein Leben fort.
Mein Herz träumt vom Fliegen,
an einem schöneren Ort!

REGENZEIT IM HERZEN

Soraya

In meinem Herzen herrscht Regenzeit,
seit vielen Monaten ist weit und breit,
kein Sonnenstrahl am Himmelszelt,
der das Dunkel in meiner Seele erhellt.

Ich fühl' mich so kraftlos, fast schon alt,
und irgendwie ist mir innerlich kalt.
Wo ist es nur, mein Lebenslicht,
ich suche danach, doch ich finde es nicht.

Gedanken kreisen um Enttäuschung und Schmerz,
diese füllen seit langem, stetig mein Herz,
und ich finde in mir kein offenes Fenster,
um sie zu entsorgen, diese Seelengespenster.

So steigt mir das Wasser bis hin zum Hals,
getränkt mit dem bitterem Lebenssalz,
das aus der Tiefe meines Herzen rinnt,
und anhaltende Traurigkeit über mich bringt.

Verloren...

Herbert

Schwer im Dunkeln zu gehen,
suchen - doch die Straßen leer.
Verlassen, kein Ausweg zu sehen,
Augen schweifen hin und her.

        Hörst nichts um Dich herum,
        nichts ist Dir bekannt.
        Lauscht - alles bleibt stumm,
        gehst die Straße entlang.

        Einsam stehst Du im Dunkeln,
        doch Du siehst nicht viel.
        Sterne am Himmel funkeln,
        suchst weiter nach einem Ziel.

    Tastet Dich durch die Straßen,
    Deine Hand sucht vergebens.
    Panik will fassen...
    nach Fetzen, zerbrochenen Lebens.

Sinnlos gehst Du vor, zurück.
Deine Blicke suchen Licht.
Verfolgst jeden Augenblick
vergebens - findest es nicht.

Stille Gedanken

Soraya

Gefühle sind wie die Brandung am Meer,
tösend und heftig, leise und schwer.

Küsse sind wie der Sonnenaufgang,
sind heiß und fangen zu glühen an.

Blicke sind wie Himmel und Hölle,
sie entspringen einer besonderen Quelle.

Streicheleinheiten sind wie Honig auf der Haut,
egal ob man jung ist oder ergraut.

Worte sind Waffen oder Geschenke,
je nach der Art und wie man sie lenke.

Sehnsucht ist ein Baum, in saftigem Grün,
mit Gedanken und Träumen, die ewiglich blüh`n.

Sie ist nach dem Schmerz das schlimmste Gefühl,
dass einem das Herz zerreißen will.

Wie Wasser...

Herbert

Wir sind wie Wasser ...

... das in eine Richtung fließt

wir sind wie Wasser ...

... eins und unzertrennlich,

wir sind wie Wasser ...

... halten die Verbindung

wir sind wie Wasser ...

... niemals überflüssig

wir sind wie Wasser ...

... gemeinsam in Bewegung

wir sind wie Wasser ...

... ohne Zeiteinteilung

... weil unsere Liebe niemals enden wird!

HAND IN HAND
Soraya

Will mit Dir lachen und auch schweigen,
Hand in Hand durchs Leben gehen.
Die Sterne Dir am Himmel zeigen.
Die endlose Weite der Meere sehen.

                   Will **mit** Dir meine Sorgen teilen,
                   Hand in Hand das Glück erreichen.
                   Mit Dir im Augenblick verweilen,
                   Nie mehr von Deiner Seite weichen.

Will mit **Dir** auf den Wolken schweben,
Hand in Hand durch`s Feuer gehen.
Die Liebeslust mit Dir erleben.
Und stets an Deiner Seite stehen.

                   Will mit Dir Eiskristalle weinen,
                   Hand in Hand durch´s Dunkel schreiten.
                   Mich ganz und gar, mit Dir vereinen.
                   Den Rest des Lebens Dich begleiten.

        Will mit Dir sein, **nie ohne Dich!**
        Es gibt nur Hand in Hand für mich!

AUSRUHEN
Herbert

Wenn ich auf meiner Insel bin,
lebe ich mit vollem Sinn.
Schmecke das Salz in der Luft,
höre das Rauschen der Brandung,
spüre den Wind -
der mich zur Ruhe ruft!

EIN MOMENT
Herbert

Ein Moment mit Dir voll Glück,
voll Wärme und Geborgenheit,
ist **„Mehr"** als nur ein Augenblick,
für's **„Jetzt"** und für die Zeit!

MISSBRAUCH
Herbert

Uns anvertraut die Welt, das Leben.
Egoistisch weggeschaut!
Warum sich erheben?
Wird zerstört mit Unverstand und Wut!
Was uns nicht gehört -
nur Mut!
Sie wird kommen, die Zeit.
Uns **alles** genommen -
nicht mehr weit!

Kind gib "Acht"

Soraya

Ich zeige Dir, wie man Schuhe bindet,
wie man sich dreht, wie man sich windet.
Wie man sich bis zur Decke streckt,
der Sonne sich entgegen reckt.

Ich **zeige** Dir, wie man lacht und weint,
und wie der Mond am schönsten scheint.
Wie man vor Glück die Wand hoch geht,
und wie man voll im Leben steht.

Ich zeige **Dir,** wie die Farben sind,
den Unterschied von Sturm und Wind.
Wie Kinder wachsen und gedeih´n,
und alte Menschen, die allein.

Wenn Du dann fest im Leben stehst,
und Deine eigenen Wege gehst.
Dann zeigst Du mir, ganz ohne Last,
ob Du mich je verstanden hast.

Dem Adler gleich

Herbert

Dem Adler gleich möcht ich's tun,
fliegen weit und hoch hinaus!
Nur noch schau'n, ohn' auszuruh'n.
Schweben über Wald und Haus!
Mit Adlers Flügeln gen Himmel streben,
will die Welt erleben nur!

Denn Freiheit ist ein hohes Gut,
angetrieben durch den Mut!
Schenkt uns mit jedem Flügelschlag,
Herzensweite, Tag um Tag!
Sind zu Haus am Himmelszelt,
nicht Gut, noch Geld dort zählt.

Vergess' all Sorg' und Leiden,
das Herz mit Freud' zum Himmel steigen.
Ist der Traum dann irgendwann
in den Wolken längst verschwunden,
dieses Glück mir man nicht nehmen kann,
bleib mit dem Traum verbunden!

Ich der Wind

Herbert

Wenn ich über Länder wehe -
verspüre ich kaltes Grauen.
Mir dabei die Welt ansehe,
erblick ich Wald und Auen.

Grüne Wiesen betoniert.
Begradigt viele Bäche.
Alle Wege wurden asphaltiert.
Der „Mensch" zahlt die Zeche.

Geldgier schändet die Natur,
verpestet wird die reine Luft.
Angetrieben durch Raubbau – pur.
Kaum zu vernehmen noch Blütenduft.

Das Meer missbraucht als Abfalleimer.
Auch der Urwald wird gerodet,
um die Bewohner schert sich keiner,
wichtig nur die Kasse brodelt.

Ich mag es nicht mehr sehen,
meine Wut nicht zügeln kann.
Werde schnell hinüber wehen.
komm zurück als Hurrikan!

Wenn die Sonne...

Soraya

Stell Dir nur vor, das würde geschehen -
die Erde würde erfrieren, ja, unter gehen!
Weil Sonne und Mond sich so maßlos lieben,
bliebe all ihre Arbeit gnadenlos liegen.

Und es gäbe dann die Gezeiten nicht mehr,
das Watt trocknet` aus, bliebe wasserleer.
Alles Leben wäre von der Liebe bedroht!
Nacht und Kälte, brächten den sicheren Tod.

Nicht immer kann man zusammen sein.
Oft liebt man und bleibt trotzdem allein.
Weil oft für andere die Welt untergeht,
wenn man offen zu seiner Liebe steht.

... MIT DEM MOND

Mond und Sonne, sie wiegen sich -
in Lust und in Wonne - sie lieben sich.
Jeder im Schein des Andern -
glücklich im Sein - nicht wandern!

Für kurze Momente vermessen -
in Ekstase versunken - die Zeit vergessen!
Beide am nächsten Tag weinen -
weil sie wieder getrennt auf die Erde scheinen.

Doch nachts, für nur einen Augenblick -
sie sich wiederfinden - im geheimen Glück.
Sich innig lieben und auch küssen,
bevor sie sich dann trennen müssen.

La... Luna

Herbert

La...Luna steht in dunkler Nacht,
hält die Wacht am Himmel.
Durchs Fenster mir entgegen lacht,
schließ' ihn ein, im Traumgetümmel.
Mit dem Lasso fang ihn ein,
um ihn in Tücher dann zu hüllen.
Schlaf ruhig, still und fein,
um mit ihm den Traum füllen.

Glück

Soraya

Wenn man das wahre Glück erlebt,
sodass **man** denkt, die Erde bebt.
Wenn man ein Herz geschenkt bekommt,
in dem nur **Lust und Liebe** frommt.
Wenn man den Rest des Lebens spürt,
dass man **im Herzen** nicht mehr friert.
Wenn man **nicht festhält,** dieses Glück,
dann kommt`s vielleicht nie mehr zurück

DER MOND …
Herbert

ER GEHT SO LEISE!
UND SCHEINT SO MATT.
OB ER WOHL KEINE
LUST MEHR HAT?

Der Mond als Vertreter

HERBERT

DER MOND GEHT AUF,
NIMMT SEINEN LAUF.
DER MOND, OH WELCHE WONNE,
VERTRITT DES NACHTS DIE SONNE.

Soraya

*Mama gib mir Deine Hand,
ich brauche etwas Halt.
Hab doch noch keinen festen Stand,
bin ja noch nicht so alt.*

*Mama hilf mir doch beim Spielen,
meine Hände sind so klein.
Kann das alles gar nicht fühlen,
weich und hart und groß und klein.*

*Mama hilf mir doch beim Sprechen,
viele Wörter sind so schwer.
Wollen mir die Zunge brechen,
mag das nicht, es stört mich sehr.*

*Mama hilf mir doch zu schauen,
denn die Welt, sie ist so groß.
Unter meinen Augenbrauen,
sitzen zwei der Äuglein bloß.*

Mama hilf mir doch zu lachen,
will jetzt nicht mehr böse sein.
Möchte schöne Dinge machen,
aber nur mit Dir allein.

Mama hilf mir doch zu hören
meine Ohren sind so zu.
Weil Du Sachen sagst, die stören,
und das bringt mich aus der Ruh.

Mama hilf, dass ich jetzt schlafe,
denn mein Tag war lang und schwer.
Kann nicht zählen all die Schafe,
denn sie springen kreuz und quer.

Mama hilf mir jetzt zu träumen,
meine Äuglein fallen zu.
Hab doch Angst was zu versäumen,
käm` alleine nicht zur Ruh.

Mama wenn ich Dich nicht hätte,
wär ich traurig und allein.
Wer stünde dann an meinem Bette,
und würde mir so nahe sein?

Diamanten

Herbert

Das Leben mit Dir
wie Diamanten.
Schenktest sie mir
seit wir uns kannten.

Worte so rein -
diamantenklar.
Können nur sein
ehrlich und wahr.

Augen strahlen
wie Sonnenschein.
Bilder malen
ins Herz hinein.

Niemals vergesse ich
diese Diamanten.
Erinnernd
ins Herz sich brannten!

Vertrauen

Herbert

*Alles, was ich selbst erbaue,
zerfällt und wird vergehen.
Nur, wenn ich mich **Dir** anvertraue,
wird mein Werk bestehen!*

Endlich Wochenende

Herbert

*Der letzte Arbeitstag neigt dem Ende,
lang ersehnt kommt jetzt die Wende.
Kein Stress, kein Ärger, kein Gemecker,
auch keine ratternden Wecker.
Zwei Tage, an denen sich laben,
ins Bett sich tief vergraben!*

Höre Zu

Herbert

*Der Frosch hüpfte unter Schnaufen,
auf nen' Maulwurfshaufen.
Er sah sich um, von Stolz geschwellt -
wie groß doch ist die weite Welt!
Merke Dir in **jedem** Fall;
wie das Huhn im Hühnerstall,
bist du „noch" so froh bewegt,
Gackere erst, wenn's Ei gelegt.*

WERKZEUG ZUM LEBEN
Soraya

Uns allen wurde ein Lächeln gegeben,
mit dem wir Freundlichkeit verschenken.
Die Neugier um Abenteuer zu erleben,
und ein Gehirn um nachzudenken.

Gott gibt uns Mut um uns zu wehren,
ein Herz, das uns ein Leben lang schlägt.
Gedankengut um in uns zu kehren,
einen Körper, der uns durchs Leben trägt.

Wir haben Arme, Beine, Hände und Zehen,
Ohren zum Hören und Füße zum Gehen.
Eine Nase zum Riechen und Augen zum Staunen,
eine Zunge zum Sprechen und die Stimme zum Raunen.

Und trotzdem ist all das nicht genug?
Die Ausrüstung für das Leben nur ein Trug?
Jeder ist der Meister seines eigenen Glück`s,
all das was wir geben, kehrt zu uns zurück.

Gott stellt uns das Werkzeug zum Leben bereit,
doch ein Jeder wendet es anders an.
Der Eine ist vor allem Unglück gefeit, und der andere
wird ein trauriger Mann.

Wer Macht und Reichtum haben will,
der arbeite sich anständig zu diesem Ziel.
Und wer sich sehnt nach dem großen Glück,
der sende es aus, dann kommt es zurück.

Alkohol

Soraya

Ich höre laut die Flaschen fliegen,
seh` dann auf der Straße liegen.
Deine Blicke so verzweifelt und leer,
der Alkohol, er zeichnet Dich schwer.

Völlig hilflos und zerschunden,
hab` ich Dich auf dem Weg gefunden,
der abseits und im Dunkel lag,
unendlich weit entfernt vom Tag.

Ich habe lange schon bemerkt,
dass Du eine Geisel bist.
an deren Seele etwas zehrt,
so, dass Du selbst Dich nicht vermisst.

Was ist der Sinn in Deinem Leben?
Es scheint als wär` er Dir entfallen.
Hast Dich wohl selbst schon aufgegeben,
stehst nur noch auf, um dann zu fallen.

Du solltest sie im Herzen tragen,
die Wahrheit um das eigene Glück.
Und täglich tausendmal Dir sagen,
geh` stets voran und nicht zurück.

AUGENPAARE

Herbert

*Augenpaare sahen sich,
schauten tief und weit.
Röte im Gesicht.
Gefühl macht sich breit.*

*Augen lesen,
sehen mehr.
Wahres Wesen,
verstellt sich sehr.*

*Gedanken irrten,
sollt´ nicht sein.
Augen mich verwirrten,
war verlegen obendrein.*

*Rötung ward Scham.
Schaute nicht hin.
Mut kam.
Froh ich bin.*

*** die Ewigkeit ***†
*** die Ewigkeit ***†

Herbert

Nichts ist **ewig** und von Dauer.
Alles wird vergeh'n.
Das Ende liegt auf der Lauer,
wir es jedoch nicht seh'n!

Heute wir noch lachen,
in unserem kurzen Leben.
Denk an simple Sachen,
nicht nach zu Hohem streben!

Ewig bleibt uns nicht das Licht.
Verschwindet gar die Traurigkeit.
Eines endet nicht …
DIE EWIGKEIT

TRIST *Soraya*

Wenn es draußen aussieht, als ob die Sonne ihrer Arbeit nicht nachgeht,
wenn die rauen Winde wehen und die Wolken sich pausenlos entleeren,
ohne auch nur darüber nachzudenken, wie es den Menschen dabei ergeht,
dann zünde Dir ein Lichtlein an, als Kerze oder in Deiner Seele,
und erfreue Dich an seinem wärmenden Schein.

Soraya HEITER

Am Wegesrand ein Blümlein steht, das fragte mich, wie es mir geht. Ich sprach: "Das geht Dich gar nichts an, weil keine Blume sprechen kann!"
Kam dann an einem Pferd vorbei, es sah mich an und rief: "Auwei! Ich sehe, dass Du nicht verstehst und in die falsche Richtung gehst!"
Im Wald, da fragten mich die Rehe, ob ich die Flinte denn nicht sehe …
… ich schüttelte den Kopf empört, bis ich des Jägers Schuss gehört.
Als ich im Himmel aufgewacht, hat mich ein Engel ausgelacht. Er fragte: "Warum hörst Du nicht, wenn eine Stimme zu Dir spricht"?

Freunde wird es viele geben ...

Herbert

Freunde wird es viele geben,
wie es Muscheln gibt am Meer.
Doch die Schalen, die dort liegen,
sind gewöhnlich alle leer.
Freundschaft ist ein dünner Faden,
gib Acht und reiß ihn nicht entzwei.
Denn auch wenn Du ihn wieder bindest,
ein Knoten bleibt immer dabei.

Ende?

Soraya

Keine Worte mehr – Seele so leer?
Kein Lächeln auf dem Mund – Gefühle auf Grund?
Tränen versiegt – Leer geliebt?
Vertrauen verloren – Herz erfroren?
Gefühle so kalt – Schmerz zu alt?
Kein Hoffnungsschimmer – Bleibt das für immer?
Seelenschmerz – Welch Schlüssel öffnet dieses Herz?
Taub und stumm – Bringt die Liebe, Liebe um?

Krankes Herz

Herbert

Ein Sonnenstrahl in schwarzer Nacht,
berührt mein Herz, das trostlos wacht,
dringt tief in meine Seele hinein,
die gefriert, wenn einsam ich wein'.

        Das Eis schmilzt, dass Wasser fließt,
        über und über sich ergießt,
        löscht' aus den warmen Sonnenstrahl,
        stößt mich erneut ins tiefe Tränental.

Zurück bleib ich in meinem Leid,
in lieblos, kalter Winterzeit.
Dunkelheit umschließt mich dumpf,
drückt auf die Seele - welch Triumph.

        Die strahlend Sonne' kam „doch" zurück,
        schenkte mir Liebe, Anerkennung und Glück.
        Oh Liebesstrahl, rot wie ein Rubin,
        bleib bei mir – darfst nie wieder geh'n!

In jedem Ende ...

Soraya und Herbert

Wenn sich der Tag zu Ende

neigt,

der Herbst Dir seine Blätter

zeigt,

die Sonn' nicht mehr am Himmel

steht,

der letzte Weg zu Ende

geht,

das letzte Blatt gelesen

ist,

weißt Du, dass Du am Anfang

bist!

... keimt ein neuer Anfang.